Illisibilité partielle

Contraste insuffisant
NF Z 43-120-14

Valable pour tout ou partie
du document reproduit

Couverture inférieure manquante

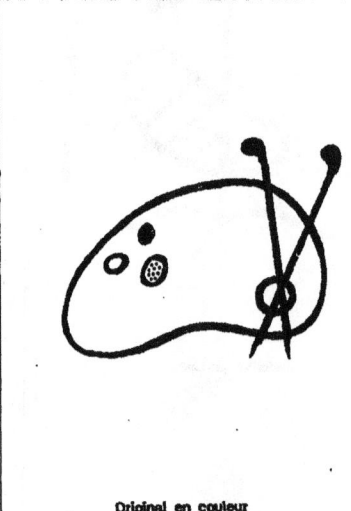

Original en couleur
NF Z 43-120-8

D'UN

CASTELLUM ROMANUM STATIVUM

A

MONTIGNY-LES-MAIGNELAY (OISE)

PAR

ARMAND RENDU,

ARCHIVISTE DE L'OISE.

Extrait du Bulletin de la Société Académique de l'Oise.

BEAUVAIS,

IMPRIMERIE D. PERE, RUE SAINT-JEAN.

1873.

D'UN

CASTELLUM ROMANUM STATIVUM

A

MONTIGNY-LES-MAIGNELAY (OISE)

PAR

ARMAND RENDU,

ARCHIVISTE DE L'OISE.

Extrait du Bulletin de la Société Académique de l'Oise.

BEAUVAIS,

IMPRIMERIE D. PERE, RUE SAINT-JEAN.

1873.

A Monsieur Jules Quicherat,

Professeur d'archéologie à l'Ecole des Chartres.

Monsieur et cher Maître,

A vous appartient la gloire d'avoir établi, en archéologie française, le système de l'enchaînement des choses. Ceci n'est qu'une application de votre doctrine : permettez-moi de vous l'offrir.

Un de vos élèves les plus vénérant,

Armand RENDU.

D'UN

CASTELLUM ROMANUM STATIVUM

A

MONTIGNY-LES-MAIGNELAY (OISE).

Sur le territoire de Montigny-les-Maignelay (Oise), à droite de la route départementale de Beauvais à Noyon, dans l'angle formé par cette voie et le chemin dit de l'Ecu-de-France, il existe une enceinte fortifiée, connue sous le nom de *Fort Philippe*. Cette enceinte a été jusqu'ici, par erreur, considérée comme une construction militaire de l'époque féodale. Loin de là : c'est un CASTELLUM ROMANUM STATIVUM des derniers siècles de l'empire; la démonstration en réside dans la description suivante.

La figure de la forteresse est un quadrilatère, dont les angles sont aux quatre points cardinaux, et la base entre le Nord et l'Est.

Les côtés du quadrilatère sont des remparts de terre continus, bordés de fossés extérieurs, avec talus à l'intérieur. Les quatre angles ont une surélévation. Il y a deux ouvertures, l'une entre les points Nord et Est, l'autre entre les points Ouest et Sud. Près de celle-ci, s'élève une motte circulaire entourée d'un fossé.

La superficie intérieure est de 6 hectares 37 ares.

Les remparts sont formés d'un amas de pierres crayeuses, qui ont dû être extraites du fond des fossés; car la surface du terrain se compose d'argile recouvrant un massif de craie, qu'on trouve à une profondeur de 4 à 5 mètres. Au pied du talus intérieur, le long et près de l'embasement du rempart, on aperçoit quelques pierres dures. A la porte Sud-Ouest, dans la partie Ouest de la levée de terre qui la flanque, et qui a été tranchée par une coupure oblique, perce un grès. Sur les remparts règne une plateforme ou chemin de ronde ayant en moyenne une largeur de 2 mètres.

Les côtés du quadrilatère sont chacun d'étendue et de conservation diverses. Le rempart compris entre les angles Sud et Est a une longueur de 265 mètres, chaînée sur le chemin de ronde. Il est abîmé dans la partie médiane; sur une étendue de 190 mètres, la plantation d'arbres fruitiers l'a détérioré, dégradé; et la culture de jardins établis dans l'enceinte, a porté le sol au niveau de la plateforme, en abolissant le talus intérieur. D'autre part, l'exploitation des terrains de la plaine fut cause d'empiètements successifs qui ont réduit la largeur du fossé. Toutefois, cette réduction a été restreinte, en sorte que ce fossé, qui d'ailleurs n'est déformé par le parcours d'aucun chemin, peut être considéré comme type du fossé primitif. Les extrémités de ce côté de rempart sont mieux conservées que son milieu, surtout celle qui avoisine la tour Sud. C'est même cet endroit de la forteresse qui fait le mieux voir ce que dut être l'état originaire des choses, grâce à la conservation simultanée du fossé et du rempart. Là, le fossé a une largeur de 15 mètres, son fond de 3 mètres; son rebord une hauteur de 2 mètres 75 c. et un angle de 45°; le talus extérieur du rempart une hauteur de 6 mètres 25 cent. et un angle de 63°; son talus intérieur une hauteur de 2 mètres 23 cent. et un angle de 65°; la plate-forme du rempart une largeur de 2 mètres 50 cent. et sa base de 18 mètres 50 cent. La surface plane de l'intérieur de l'enceinte se trouve plus élevée de 1 mètre 27 cent. que les terrains existant à l'extérieur du fossé. La butte de terre sise à l'angle, constituant une tour, possède, au-dessus du chemin de ronde, une surélévation d'environ 2 mètres; sa base a 22 mètres de large. Elle ne fait pas saillie, son pied étant à l'alignement des remparts, et sa plate-forme rentrant. Son profil extérieur est arrondi; son sommet ovoïde. Les buttes des autres angles ont même forme; elles sont à la fois tours de défense et de guet.

Le côté compris entre les angles Est et Nord, la base du quadrilatère, a une longueur de 270 mètres. C'est le moins conservé. Sur une étendue d'environ 60 mètres, à 80 mètres de l'angle Est et 130 mètres de l'angle Nord, le rempart venant des deux côtés en déclinant, a complètement disparu. C'est là que se trouve l'une des issues de l'enceinte, à environ 80 mètres de l'angle Est, et 190 mètres de l'angle Nord. L'espace plane étant occupé par des constructions, on ne peut déterminer la largeur primitive de la porte. Le rebord extérieur du fossé a disparu sous l'action de la culture. Il n'en reste qu'un certain renflement de terrain. La tour de l'angle Est a une largeur, à sa base, de 24 mètres, et une hauteur de 4 mètres au-dessus du rempart.

C'est la plus élevée; le terrain vis-à-vis étant le moins plat et le moins soumis à la vue.

Le côté entre l'angle Nord et l'angle Ouest a une longueur de 259 mètres. Le rempart est conservé d'une manière continue. Le rebord extérieur du fossé se trouve détérioré par suite de l'établissement de la route départementale de Beauvais à Noyon. La largeur de cette voie a dû être prise partie dans le talus, partie dans les terres voisines. Il ne reste de ce talus que la base longeant la route, sur les deux tiers de son parcours, et s'en détachant ensuite par un petit angle rentrant. Le rempart a une largeur de 20 mètres 25 cent. à sa base, et de 2 mètres 25 cent. à sa plate-forme; son talus extérieur une hauteur de 6 mètres 34 cent. et un angle de 55°; son talus intérieur une hauteur de 2 mètres 97 cent. et un angle de 50°. Le rebord extérieur du fossé a une hauteur de 1 mètre 93 cent. jusqu'au niveau de la route, et le talus de cette route est élevé de 1 mètre 48 cent. Il a donc en somme une hauteur de 3 mètres 41 cent.; l'élévation de la plate-forme étant de 6 mètres 34 cent., ce rebord lui est inférieur de 2 mètres 93 cent.; or, le talus intérieur du camp ayant une hauteur à peu près pareille, 2 mètres 97 cent., il s'ensuit que l'intérieur de l'enceinte, au pied du rempart, est au même niveau que les terres existant de l'autre côté de la route. La tour Nord a une hauteur d'environ 3 mètres au-dessus du chemin de ronde; sa base une largeur de 21 mètres.

Le côté compris entre les angles Ouest et Sud est long de 206 mètres. Le rempart a une largeur de 16 mètres 50 cent. à sa base, et de 2 mètres à sa plate-forme; son talus extérieur une hauteur de 4 mètres 15 cent. et un angle de 65°; son talus intérieur une hauteur de 2 mètres 40 cent. et un angle de 51°. Le fossé est extrêmement large : il a 25 mètres; le chemin dit de l'Ecu-de-France, ou d'Amiens à Paris, y passe, dans la partie la plus éloignée du rempart, à 70 cent. plus bas que son pied. Le rebord extérieur du fossé a une hauteur de 2 mètres 82 cent. avec un angle de 58°; les terres cultivées à l'extérieur de ce fossé sont de 37 cent. au-dessus du niveau du sol de l'enceinte. A 80 mètres de la tour Sud, et à 126 mètres de la tour Ouest, paraît l'autre issue de la forteresse. La porte a environ 15 mètres de large; primitivement elle devait être plus étroite; le rempart du côté Sud, qui la borde, semble intact, mais celui de l'Ouest se trouve obliquement coupé. Cette entrée n'est pas dans le prolongement de l'axe de l'autre, mais il n'y a guère d'écart. La tour Ouest n'excède le chemin de ronde que d'environ 1 mètre; ce peu de surélévation s'explique par la facilité que l'on éprouve à explorer des yeux la plaine environnante, jusqu'à 6 à 8 kilomètres.

De ce côté, à 55 mètres environ à l'intérieur, et à 85 mètres, 100 mètres et 180 mètres des remparts Nord-Ouest, Sud-Est et Nord-Est, sur le bord d'un chemin allant d'une issue à l'autre, à gauche, en entrant par la porte Sud-Ouest, se trouve la motte circulaire entourée d'un fossé. Elle a une construction semblable à celle des remparts; c'est un entassement de pierres crayeuses extraites du fossé. La figure de la plate-forme n'est pas le cercle, mais un ovale allongé du Sud au Nord. Dans cette direction elle mesure 34 mètres 40 cent., et 28 mètres 60 cent. dans celle de l'Ouest à l'Est. La hauteur de son talus est de 7 mètres 50 cent., son angle de 60°; la largeur du fossé est de 15 mètres, celle de son fonds de 3 mètres, comme au fossé Sud--Est; le rebord extérieur a une hauteur de 3 mètres 60 cent., il est à 1 mètre plus bas que le pied du rempart Nord-Ouest; la motte et ce rempart ont leurs plate-formes au même niveau. Le fossé de la motte se trouve intercepté à l'Est, par un terre plain incliné, qui va se rétrécissant jusqu'au bord extérieur, et forme l'entrée tournée en sens contraire à celui de la porte Sud-Ouest. Une autre partie du fossé se trouve comblée par le chemin qui traverse le quadrilatère.

Il y a plusieurs puits dans l'enceinte : un notamment sur la motte, aujourd'hui comblé, et un autre le long du chemin. Il s'en trouve un encore à l'extérieur, au-dessus du rebord du fossé longeant la tour Nord.

La position de ce quadrilatère est au sommet d'un plateau dont tous les côtés sont déclives à partir du pied des remparts.

Cette description fait voir, dans la forteresse en question, les éléments et caractères spéciaux du *castrum*, dont le *castellum* était le diminutif (1), tels que nous les montrent les auteurs antiques qui ont écrit sur les œuvres de la castramétation romaine :

L'*agger* et sa *fossa*; l'*agger* avec son épaisseur à la base de 20 mètres, 67 pieds romains, et son élévation de 6 mètres, 20 pieds romains; la *fossa*, avec sa largeur de 15 mètres, 50 pieds romains; dimensions supérieures à celles de Végèce (2),

---

(1) *Nam a castris, diminuto vocabulo, sunt nuncupata castella.* Végèce : l. III, c. 8.

(2) *Sic fit ut sit alta (terra) tredecim pedes, duodecim lata.* Végèce : l. I, c. 24. — *Sativa autem castra, œstate vel hieme, hoste vicino, majore labore ac curâ firmantur.... fossam aperiunt latam novem, aut undecim, aut tredecim pedibus; vel si major adversariorum vis metuitur, pedibus decem et septem.* Végèce : l. III, c. 8.

et même de César (1), mais que devaient avoir les ouvrages des derniers siècles, faits plus forts (2);

Le *prætorium*, avec sa position près du côté d'où l'on voit le mieux (3), et près d'une porte (4); si toutefois on peut encore, avec M. de Caumont (5), donner le nom de *prætorium* à ces mottes intérieures des forteresses élevées contre les incursions germaines (6);

Le soin de l'embasement, la fouille de la craie, son amas, solidifié peut-être encore par un apport de pierres dures, dont on voit quelques spécimens; assiette de rempart qui rendait impossible son affaissement, et inutile la précaution employée dans les terres meubles, des assises de bois couchés à la base (7);

La forme du camp, eu égard au pays qui est plat; forme qua-

---

(1) *Cæsar, Com. de b° g°* : l. I, c. 8; l. II, c. 5; l. II, c. 30; l. VII, c. 36; l. VII, c. 72; l. VII, c. 78.

(2) *Castra extollens altius et castella* (Valentinien), *turresque assiduas per habiles locos et opportunos, quâ galliarum extenditur longitudo.* Ammien Marcellin : l. XXVIII, c. 2.

(3) Polybe : l. VI. — *Juste Lipse, de militia romana.*, l. V, dial. 2 et 4.

(4) *Porta quæ appellatur prætoria.* Végèce : l. I, c. 23. — *In quâ positione porta decumana eminentissimo loco constituitur, ut regiones castris subjaceant. Hyginus. De castrametatione liber.*

(5) Caumont : *Cours d'antiquités monumentales*, t. II, p. 360.

(6) Bulliot : *Essai sur le système défensif romain au pays des Eduens*, p. 19-20.

(7) *Supra autem, sepibus hincinde factis, quæ de fossa levata fuerit terra congeritur et crescit in altum.* Végèce : l. I, c. 24. — *Sepibus ductis, vel interpositis stipitibus, ramisque arborum, ne facile terra dilabatur, agger erigitur.* Végèce : l. III, c. 8.

drilatère, la plus régulière, la première énumérée par Végèce, celle qu'on devait choisir dans les plaines; les formes rondes, oblongues ou triangulaires, n'étant prises que commandées par la nature d'un sol accidenté (1);

La position sur un point sommet, avec pentes de tous côtés; le camp ne devant être ni dominé par des hauteurs, ni menacé d'une immersion (2);

L'élévation aux quatre angles des tours de guet, postes de vigilance si conformes aux besoins des derniers temps de l'empire (3);

La perfection de l'œuvre, qui, par cela même, ne peut appartenir qu'aux Romains; les forteresses en terre seule étant ou

---

(1) *Interdum quadrata, interdum trigona, interdum semirotunda, prout loci qualitas, aut necessitas postulaverit, castra facienda sunt* Végèce: l. I, c. 23. — *Pro necessitate loci, vel quadrata, vel rotunda, vel trigona, vel oblonga castra constitues.* Végèce: l. III, c. 8. — *Pulchriora creduntur, quibus ultra latitudinis spatium tertia pars additur longitudini.* Végèce: l. III, c. 8.

(2) *Cavendum etiam ne mons sit vicinus altior, qui ab adversariis captus possit officere. Considerandum etiam ne torrentibus inundari consueverit campus, et hoc casu vim patiatur exercitus.* Végèce: l. I, c. 22. — *Cavendum ne circumsedentibus adversariis, difficilis prestetur egressus; ne ex superioribus locis, missa ab hostibus in eum tela perveniant.* Végèce: l. III, c. 8. — *Ne mons castris immineat, per quem supervenire hostes, aut prospicere possint quid in castris agatur.* Hyginus. — *Nunc quod attinet ad soli electionem in statuenda metatione: primum locum habent, quæ ex campo in eminentiam leniter attolluntur.* Hyginus.

(3) *Castella stabili muro et firmissimis turribus erigantur.* Notitia dignitatum imperii. Caumont: t. V, p. 28. — *Ne latere usquam hostis, ad nostra se proripiens, posset.* Ammien Marcellin: l. XXX, c. 8. — *Latronum caventur incursus, si exploratores in muris, in turribus sint locati, ut*

romaines ou carolingiennes, et ces dernières n'ayant jamais eu la force, rectitude, symétrie des ouvrages antiques, dont celui-ci est un spécimen parfait, où éclate la facture des *castrorum metatores* et travailleurs légionnaires (1);

L'étendue des lignes de défense, longs remparts, qui ne purent être construits et occupés que par plusieurs milliers de soldats ouvriers, et jamais par les populations grossières et peu nombreuses, existant aux siècles barbares (2).

A ces preuves, il faut ajouter les présomptions suivantes :

Proximité, à environ 3 kilomètres, d'une chaussée Brunehaut, voie romaine authentique de Cæsaromagus à Bavacum;

Passage, par le milieu de l'enceinte, d'une rue dite *rue Verte*, aboutissant à un chemin appelé *Chemin des Vaches*, dénominations significatives;

Existence, à l'entour, de lieuxdits indiquant l'établissement de postes avancés du castellum : l'un, le *Vieux Châtel* (3), *Chastellet* (4), *Castelletum*; l'autre, le *Clos l'Embarras* (5), *Les Barrats* (6), enclos fortifié (7), annexe du camp.

---

desuper spectent plana regionum in quibus insidiæ latronum latere non possunt. Commentaire du code Théodosien. Bulliot : p 23. — *Angulos castrorum circinare oportet, et quia coxas efficiunt instabiliuntque opus, propugnatione tueri. Hyginus.* — Viollet-Leduc : *Dictionnaire d'architecture*, t. I, p. 820.

(1) Végèce : l. III, c. 8. — Adam. : *Antiquités romaines*, t. II, p. 152.
(2) Viollet-Leduc : *Dictionnaire d'archéologie*, t. III, p. 61.
(3) Atlas cadastral de Montigny.
(4) Archives de l'Oise, G. 1161.
(5) Atlas cadastral de Montigny.
(6) Archives de l'Oise, G. 1161.
(7) *Quemadmodum se militum numerus habet, castrorumque ac clau-*

Enfin, joint à cet ensemble d'arguments, voici qui est décisif : au *prætorium*, on trouve des tuiles, et dans l'enceinte, des poteries romaines.

Ce camp, comme toutes les constructions militaires antiques, fut utilisé au ix⁹ siècle, lors des invasions normandes. La preuve c'est sa dénomination de *Fort*. Ce mot en Picardie, et sur les confins, désignait à la fois la forteresse et le souterrain refuge de cette époque, quelle qu'en fût l'origine. Le camp romain de Tirancourt (Somme) reçut le nom de *Grand-Fort* (1). Dans l'endroit qui nous occupe, il y eut réunion de camp et de souterrain. L'enceinte, là comme ailleurs, devint le chatel des seigneurs du lieu (2).

Les archéologues ont pris ce camp pour une œuvre du Moyen-Age, un fort élevé sous un roi, Philippe-le-Bel. Cette opinion ne peut se soutenir. Ni sous Philippe-le-Bel, ni sous aucun des mo-

---

sularum cura procedat. Code Justinianéen : l. I, t. 31. — *Clusuriæ castris junguntur. Commentaire du code Théodosien.* — Bar, obstacle, nom porté par plusieurs camps Eduens. Bulliot : p. 6.

(1) D'Allonville : *Description des camps romains du département de la Somme*, p 32.

(2) Archives de l'Oise, série H, abbaye de Saint-Martin-aux-Bois.

narques de ce nom, la construction militaire n'eut les éléments et caractères de la forteresse ci-dessus décrite :

Sous Philippe-le-Bel, et ses successeurs Philippe V, Philippe VI ? Mais c'est précisément à cette époque que le donjon est abandonné, les progrès de la civilisation faisant trouver ce logis trop incommode ;

Sous Philippe II, Philippe III ? Mais il n'y a plus ni motte ni fossé, celui-ci étant remplacé par la chemise crénelée, *antemurale;* mais, dès Louis VII, toute la défense est de pierre, au lieu d'être de terre, de palissade ou de haie; elle est fréquemment coupée de tours en saillie; ses fronts ont des directions différentes; il y a un portail à l'entrée de l'enceinte, entre deux tours allongées;

Sous Philippe 1er ? Mais, même en prenant cette fortification pour une œuvre du Moyen-Age, on ne pourrait l'attribuer à ce règne de sécurité; il faudrait la dater d'avant; ces vastes enceintes de talus avec fossés remontent à la guerre des Normands (1).

L'erreur des archéologues a eu pour cause la dénomination du camp : *Fort Philippe.* Ce nom les a fait croire à une œuvre capétienne. Ils n'ont pas considéré que si ce terme de *Philippe* appartient à la troisième race, celui de *Fort* est essentiellement des temps Karolingiens; que par conséquent l'œuvre existait alors, et que son nom reçut plus tard pour déterminatif celui d'un homme, probablement d'un seigneur, alliance de mots, dénomination caractéristique des enceintes employées au IXe siècle : *Hayæ Reginaldi*, *Les Hayes Renaud*; *Plexitium*

---

(1) Jules Quicherat, à son cours.

Brionis, *Le Plessis Brion*; *Firmitas Bernardi*, *La Ferté Bernard* (1).

La construction et configuration du *Fort Philippe*, étrangères à l'époque Capétienne; la force et perfection de ses défenses qui l'excluent des temps barbares; l'ensemble des preuves de sa nature antique, quant à la position, la forme, les éléments, les dispositions, les matériaux, et les objets qu'on y trouve, autorisent donc à formuler cette proposition :

Le *Fort Philippe* est un CASTELLUM ROMANUM STATIVUM.

On peut ajouter : il est le plus régulier, le plus complet, le plus typique des camps romains du département de l'Oise.

C'est la découverte qu'il fallait signaler.

Janvier-février 1873.

---

(1) Jules Quicherat, à son cours.

Changement de rapport

Rpt 25
au lieu de
Rpt 17

Planche(s) en 2 prises de vue

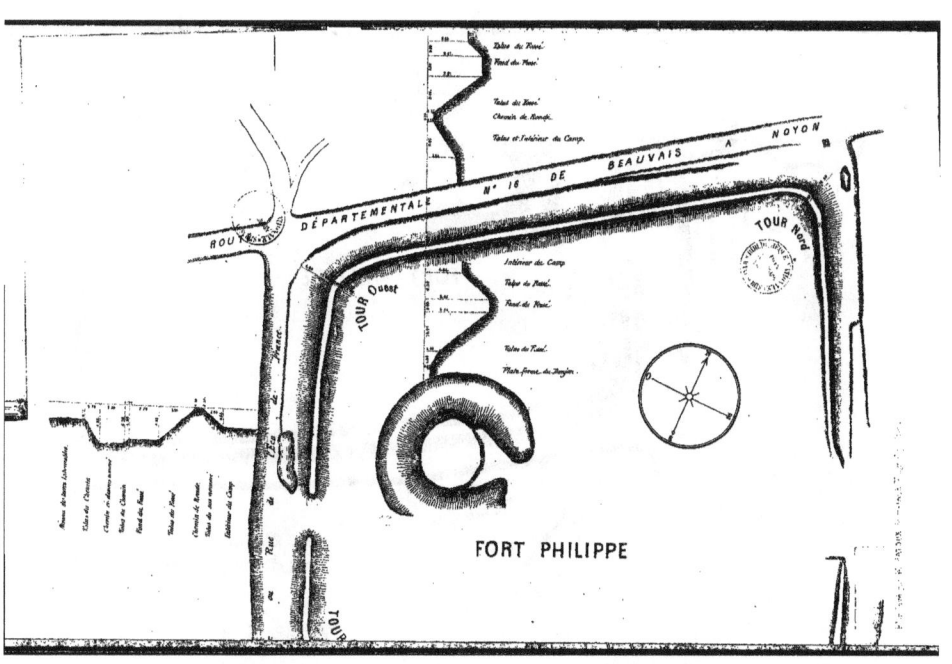

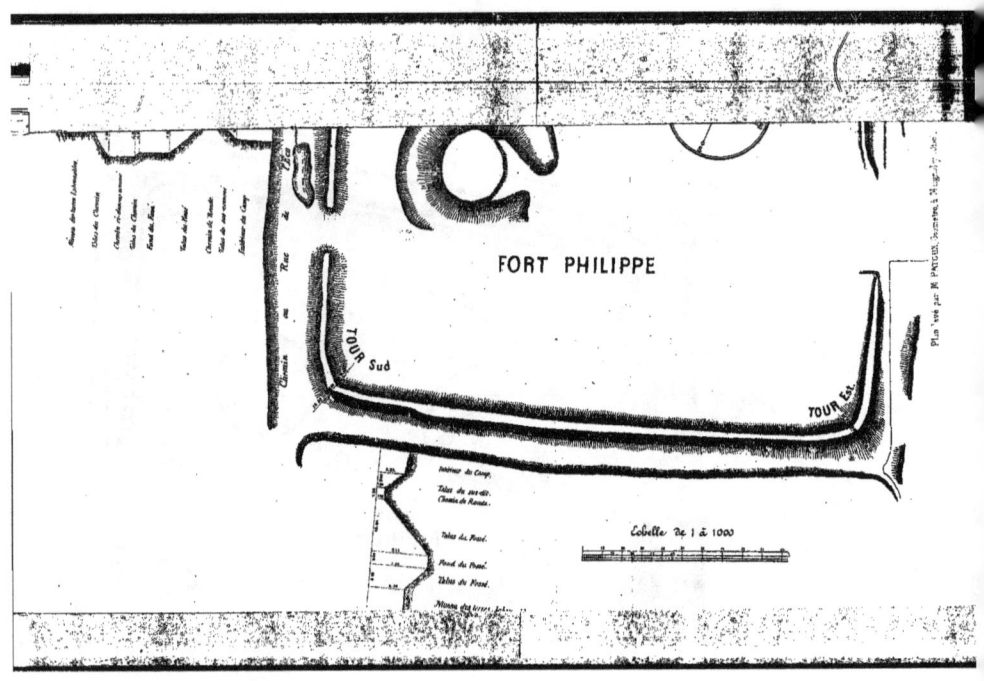

Changement de rapport

Rpt 17
au lieu de
Rpt 25

www.ingramcontent.com/pod-product-compliance
Lightning Source LLC
Chambersburg PA
CBHW071423060426
42450CB00009BA/1981